Langeoog – Impressionen einer Nordseeinsel

Nicole Frischlich – Hans-Jürgen Quester

Langeoog – Impressionen einer Nordseeinsel

Ostfriesland

Bibliografische Information der Deutschen Nationalbibliothek:
Die Deutsche Nationalbibliothek verzeichnet diese Publikation in der Deutschen National-
bibliografie; detaillierte bibliografische Daten sind im Internet über http://dnb.dnb.de abruf-
bar.

© 2015 Nicole Frischlich

Illustration: **Art Photography Nifri**
Übersetzung: **Nicole Frischlich**
weitere Mitwirkende: **Hans-Jürgen Quester**

Herstellung und Verlag: BoD – Books on Demand, Norderstedt

ISBN: 978-3738613605

Fotografische Impressionen von der ostfriesischen Insel Langeoog

(friesisch lange = lange, oog = Insel, also lange Insel)

Mit einer Gesamtfläche von 20 Quadratkilometern und einem 14 km langen Sandstrand besitzt die Insel Langeoog eine Besonderheit. Diese Nordseeinsel ist die einzige Insel, die bisher ohne seeseitige Küstenschutzbauwerke auskommt.

Die Kunstfotografin und Autorin Nicole Frischlich zeigt hier gemeinsam mit Hans-Jürgen Quester Fotografien von dieser besonderen Insel.

Im 17. Jahrhundert begannen Holländer die Dünen planmäßig zu pflegen. Die "Weihnachtsflut" im Jahre 1717 riss die Insel in zwei Teile. Dabei wurde die Kirche, das Pfarrhaus zerstört und das "Dorf" beschädigt.

Seit Ende des 16. Jahrhunderts ist die Herstellung von geflochtenen Weidensesseln mit hochgezogenem Rückenteil und halbrund nach vorne gebogenen Seiten im europäischen Korbmacher-Handwerk überliefert.

1876 besuchten 365 Badegäste die Insel. Im selben Jahr gab es auch die erste, feste Verbindung zwischen Langeoog und dem Festland. Diese Verbindung fand einmal in der Woche statt.

Die Silbermöwe ist die Symbolart für die Inselgemeinde Langeoog. Mit jährlich 2000 bis 2500 Brutpaaren und dem seit 1875 dort existierenden und betreuten Naturschutzgebiet „Möwenkolonie" besteht zwischen der Silbermöwe und der Insel Langeoog schon seit langer Zeit eine enge Beziehung.

Am Strand von Langeoog trifft man während des ganzen Jahres häufig auf Silbermöwen. Sie gleiten gern in den Aufwinden und Böen, die über die Dünenlandschaft hinter der Küste hinweg wehen. Die Vögel sind zwischen 56 und 66 Zentimeter lang und haben eine Flügelspann-weite von rund 1,5 Meter.

Die Langeooger Vogelkolonie befindet sich im Ostteil der Insel. Sie erstreckt sich über mehrere Kilometer vom „Kleinen Schloop" (hinter der Melkhörndüne in Höhe Jugendherberge) in Richtung Meierei und gehört zur Ruhezone des Nationalparks „Niedersächsisches Wattenmeer".

Langeoog verfügt über einen Hundestrand und auch Hundekottüten stehen dem Gast zur Verfügung.

Aufgrund des Nationalpark-Gesetzes herrscht auf der ganzen Insel Leinenpflicht. Der allgemeine Bade- und Burgenstrand ist für Vierbeiner tabu. Es gibt einen separaten Hundestrand westlicher des Badestrandes. Hier ist auch die Anmietung von Strandkörben möglich. Auch im Osten am Dünenübergang „Gerk sin Spoor" (benannt nach dem Fuhrunternehmer Gerk Albers) ist eine Mitnahme des Hundes an den Strand erlaubt.

Läuft man auf Langeoog am Strand spazieren, begegnet man dabei unzähligen Lachmöwen verschiedenen Alters. Die Vögel erreichen eine Körperlänge von etwa 36 Zentimeter. Im Winterhalbjahr haben erwachsene Vögel ein fast rein weißes Gefieder mit Schwingen in unterschiedlichen Grautönen.

Im Vergleich zu den Silbermöwen sind die Lachmöwen vergleichsweise scheu. Sie sind in geringeren Zahlen im Luftraum über Langeoog und an den Küsten zu finden als die etwas größere Möwenart.

Das schottische Hochlandrind ist ein kleines bis mittelrahmiges, urwüchsiges, robustes Rind. Die Rasse hat sich im Norden Schottlands unter sehr kargen Bedingungen entwickelt. Die harten Witterungseinflüsse haben das Aussehen der Tiere stark geprägt. Der kurze Kopf, das lange dichte Haarkleid und die langen geschwungenen Hörner sind charakteristisch für das schottische Hochlandrind.

Langeoogs Inselbahn wird traditionell von der Gemeinde Langeoog selbst als kommunaler Eigenbetrieb betrieben, gleiches gilt für die Fährverbindung zum Festland. Die Bahn fährt auf 1000 mm-Gleisen und wurde bis 1937 noch als Pferdebahn betrieben. Dann hielt die Dieseltraktion Einzug.

1929 sorgte ein eisiger Winter dafür, dass die Insel von Januar bis März vom Festland abgeschnitten war. Teilweise gab es einen Wagenverkehr über das Eis.

Langeoog erhielt im Jahre 1949 die staatliche Anerkennung als Nordseeheilbad (höchste Auszeichnung für einen Kurort).

"Die Mole" (1959 - 69)

"Die Mole" war eine Schülerzeitung des Nordsee-Gymnasiums und erschien von Juni 1959 bis Ostern 1969 in dreiundzwanzig Ausgaben.

Allerheiligenschwimmer sammeln Spenden. Das Allerheiligenschwimmen ist seit 2005 eine Erfolgsgeschichte. Damals hatten, langjährige Gäste der Insel, die Idee, Allerheiligen mit Bernd Spies zusammen schwimmen zu gehen. Vielleicht war diese spontane Idee ja der Beginn einer Traditionsveranstaltung.

Stillgestanden

Die Füße verzögern ihr Laufen.
Der Körper spricht müde.
Das Gesicht schaut blasser.
Worte flüstern nur noch leise.

Die Natur wehrt sich still
gegen die Mächtigkeit ihrer Gegner
und fordert ein letztes Gefecht,
des Überlebenswillen.
Verloren hat sie noch nicht.

Emsig wird das Leben vertrieben.
Raubbau nennen sie das,
aber verstanden wird es nicht.
Im fahlen Licht wandert die Dunkelheit.
Schon bald wird alles verloren sein.

Stillgestanden,
so steht doch still!
Ich vermute ihr wollt es nicht!

(nifri)

Eine erste Version des Liedes "Die Fischer von Langeoog" wurde von der berühmtesten Inselbewohnerin Lale Andersen im Jahr 1949 aufgenommen. Die Sängerin war ein viel gefragter Plattenstar, aber vornehmlich auf Seemanns-Lieder festgelegt. Mit Aufnahmen wie "Unter der roten Laterne von St. Pauli" oder "Blaue Nacht am Hafen" erhielt sie weitere goldene Schallplatten

"Lale Andersen" wurde Anfang des 20. Jahrhunderts in Bremerhaven geboren und starb im Jahre 1972 in Wien. Sie liebte die Insel Langeoog und verbrachte zu Lebzeiten sehr viel Zeit auf der Insel, weshalb auch die Inselbewohner "ihre Lale Andersen" auch heute noch verehren.

1999 - In diesem Jahr war die Insel Langeoog seit 50 Jahren staatlich anerkanntes Nordseeheilbad.

1962 zählte die Insel bereits über 40.000 Kurgäste als Besucher. 2010 besuchten über 200.000 Menschen die Insel, um Urlaub zu machen.

Im Strandabschnitt vor dem Pirolatal finden sich zudem im Sand verborgen die Reste eines Schiffswracks, das vermutlich von einem Plattenbodenschiff aus der Zeit der Kontinentalsperre stammt. Gelegentlich wurden die Überreste des Schiffs, in denen man vor vielen Jahren Kanonenkugeln fand, im Laufe der Zeit durch die Gezeiteneinwirkung teilweise freigelegt, wobei 2009 zu erkennen war, dass der Rumpf des Schiffes mittlerweile auseinandergebrochen ist.

Auf der Insel Langeoog herrscht ein Seeklima mit eher milderen Wintern und kühleren Sommern. Das durchschnittliche Jahrestemperaturmittel liegt bei 8,8 °C.

Manchmal mag der Geist wandern auf Wegen, fernab jeder Sicherheiten und Zufluchten.

Manchmal mag der Geist versuchen nicht nur ein Schwarz und ein Weiß zu sehen.

Das Wattenmeer bildet die weltweit größte zusammenhängende Fläche aus Schlick- und Sand-watt. Insgesamt macht es 60 Prozent aller Tidegebiete in Europa und Nordafrika aus. Neben der reinen Wattfläche gehören zahlreiche andere Lebensräume, wie zum Beispiel Salzwiesen, Marschflächen, Dünen und Sandbänke zu der eingerichteten Schutzzone.

Beim Kitesurfen entdeckt man die Schwerelosigkeit

Schnell und nass ist der Sport: Beim Kitesurfen hängt man an einem Lenkdrachen und lässt sich übers Wasser ziehen. Die Grundlagen lernen Anfänger in einem Kurs in wenigen Wochen. Für Sprünge und andere Tricks braucht es aber etwas mehr Übung.

Das Aussehen des Westteils der Insel stellt eine Besonderheit unter den ostfriesischen Inseln dar. Hier kommt es nicht zu Sandverlusten, sondern es gibt hier eine relativ ausgeglichene Sandbilanz, d. h. hier sind keine weitergehende Schutzmaßnahmen nötig, weil die Strömungsverhältnisse sehr günstig sind. Strandaufspülungen reichen als Inselschutz aus.

Flinthörn heißt ein Fluthaken im Südwesten Langeoogs, der sich im Laufe der Jahrhunderte durch Sandablagerungen gebildet hat. Zwischen Dünen und Fluthaken verläuft der Naturlehrpfad "Flinthörn" mit vielen Schautafeln und einer Informationsplattform. Hier erfahren Besucher alles über Langeoogs Pflanzen- und Tierwelt.

1936 - Eine schwere Oktoberflut zerstörte die Strandhalle und die Landungsbrücke, der Polderdeich schützte das Dorf. Das 1954 errichtete Gebäude befindet sich auf der höchsten Erhebung der Langeooger Höhenpromenade, einer 20 Meter hohen Düne namens Punschdüne. Zuvor existierten bereits fünf Vorgängerbauten in leichterer Bauweise an anderer Stelle der Insel, die jedoch jeweils den Naturgewalten zum Opfer fielen.

Ein Erlebnis der besonderen Art ist eine Hochzeit auf Langeoog. Viele Menschen geben sich das Ja-Wort in der romantischen Friesenstube im Seemannshus oder im Trauzimmer des Rat-hauses. Das erste Haus auf dem Grundstück wurde 1794 von Heinrich Lücken gebaut, 1990 wurde das Seemannshus zum Heimatmuseum. Seinen Namen trägt das Haus nach Familie Seemann, die ab 1888 hier lebte

Seit dem Jahr 2000 gibt es die „Langeoog Card". Diese dient als Kurkarte, Fahrkarte für die Inselfähre, Eintrittskarte für das Erlebnisbad und berechtigt zur kostenlosen Benutzung der Inselbahn

Im Jahre 1948 begannen Kinderkurheime mit Winterkuren. Im September 1988 fand die Einweihung der Spielhäuser "Spöölhus" und "Spöölstuv" statt.

Genießen Sie die angenehme Ruhe der Insel Langeoog. Zahlreiche Freizeitaktivitäten und Erholungsmöglichkeiten für Kinder und Erwachsene lassen eine Kur zu einem unvergesslichen Erlebnis werden.

Langeoog hat eine Fläche von rund 20 Quadratkilometern und einen etwa 14 Kilometer langen Sandstrand. Dem Strand schließt sich eine Dünenlandschaft mit bis zu 20 m hohen Dünen an. Die Dünenbereiche sind von Westen nach Osten wie folgt angeordnet: Flinthörndünen, Süderdünen, Kaapdünen und die Heerenhusdünen.

Höchster Baum der Insel ist eine 17 Meter hohe Bergulme hinter dem 1902 erbauten ehemaligen Kurhaus, das zwischenzeitlich auch als Hotel Falke bzw. Hotel Deutsches Haus firmierte und heute den Namen Inselhotel Kröger trägt.

Alle außerhalb der Insel erscheinenden Printmedien werden morgens mit der ersten Fähre von Bensersiel auf die Insel gebracht. Der „Anzeiger für Harlingerland" ist die Tageszeitung für den Landkreis Wittmund, zu dem auch die Insel Langeoog gehört. Die Zeitung erscheint in der Kreisstadt Wittmund und berichtet regelmäßig über Langeooger Themen.

Der Traum vieler Reiter ist es jedoch, am Strand entlang zu reiten und dabei die Weite des Meeres zu spüren. Auf Langeoog werden geführte Strandausritte angeboten, die ein ganz besonderes Erlebnis für die Teilnehmer darstellen. Hier geht es quer über den Strand sowie durch die Langeooger Dünen, Wiesen und Wälder. Erfahrung im Reiten und Sattelfestigkeit in allen Gangarten ist hierbei wichtig.

Auf Langeoog herrscht ist ein ausgezeichnetes Reizklima welches in seiner Wirkung auf den Menschen mit dem Hochgebirgsklima vergleichbar ist.

Wussten Sie übrigens, dass ein einfacher Strandspaziergang bereits eine Thalasso-Anwendung ist? Die entzündungshemmenden Aerosole gelangen in die Atemwege, Allergien werden gelindert und der gesamte Organismus wird mobilisiert.

Wer einmal am endlos erscheinenden Strand von Langeoog gestanden hat und aufs weite Meer hinausgeblickt hat, weiß, wie gut es tut, sich im Einklang mit der Natur zu fühlen. Kein Auto-lärm und keine Autoabgase können den Genuss trüben. Auf der Insel ist man zu Fuß unterwegs oder mit Fahrrad oder Pferd. Entdecken Sie das Inselwäldchen auf verschlungenen Pfaden oder radeln Sie durch eine weite Dünenlandschaft im Osten der Insel.

Margaret Lüken war Hebamme auf Langeoog und wohnte in diesem Haus. Im Ostfriesischen sagte man nicht Tante Margaret sondern Margaret Tant. Die Kurzform für Margaret war 'Het' und aus Margaret Tant wurde Het Tant, wobei das erst 't' im Sprachgebrauch wegfiel und noch He' Tant übrig blieb.

Nachbarinseln sind, getrennt durch die Seegatte Otzumer Balje, Hullbalj und Schillbalje, Spiekeroog im Osten und Baltrum knapp zwei Kilometer entfernt im Westen, getrennt durch das Accumer Ee.

Das Pirolatal befindet sich im westlichen Teil der Insel nordöstlich des bewohnten Bereichs Langeoogs. Durch das etwa zwei Kilometer lange und 100 bis 200 Meter breite Pirolatal führt der Pirolaweg von Westen nach Osten. Dieser endet – wie auch das Gebiet selbst – westlich des Schloppsees. Im Norden des Pirolatals bildet eine hohe Dünenkette die natürliche Abgrenzung zum davor gelegenen Strand.

Die angenehmste Nebenbeschäftigung: Bei Anselm das Malen lernen
Oben auf der Höhenpromenade, jenseits des Wasserturms und nahe der alten Strandhalle, liegt das „Atelier am Meer". In ihm waltet einer der prominentesten Wahlostfriesen unserer Tage, nämlich der 1943 in Tegernsee gebürtige Kunstmaler Anselm Prester.

Die wichtigen Entscheidungen für die Insel werden in den Ratssitzungen und den Sitzungen von dessen Ausschüssen getroffen. Eine Teilnahme an den Sitzungen ist den Insulanern häufig nicht möglich, insbesondere nicht während der Saison. Um eine transparente Ratsarbeit zu ermöglichen, sollten daher generell die öffentlichen Teile der Sitzungen des Rates und seiner Ausschüsse per Live-Stream im Internet übertragen werden. Alle Insulaner und auch sonstige an dem Wohlergehen der Insel Interessierte hätten dann eine Chance auf Verfolgung der Sitzung, wodurch die Entscheidungen deutlich besser nachvollzogen werden könnte.

Das gemütliche Inseldorf lädt mit seinen Restaurants, Cafés und Läden zum Bummeln und Verweilen ein, ganz ohne Stress und Autolärm. Genießen Sie einen typischen Ostfriesentee mit Kluntje und Sahne oder probieren Sie einmal einen Sanddorngrog. Von hier aus können Sie Ihren Strandtag beginnen, den Wasserturm besichtigen oder eine Radtour über die Insel starten. Langeoog – die Insel der kurzen Wege.

Das Wahrzeichen – Der Wasserturm

Der Wasserturm befindet sich im Nordwesten der Insel. Vor seinem Bau befand sich hier das Westkaap, ein hölzernes Erkennungszeichen für nahende Schiffe, das 1909 abgerissen wurde und damit Platz für den Wasserturm machte.

Der 18 Meter hohe, achteckige Turm besteht aus Ziegelsteinen, die an den Seiten weiß gestrichen wurden, an den Ecken jedoch unverputzt sind. Über dem Eingang befindet sich das Wappen der Insel Langeoog. Heute dient er als See- und Erkennungszeichen Langeoogs sowie als Aussichtsturm, der in der Hauptsaison bestiegen werden kann. Im Untergeschoss kann eine kleine Ausstellung mit Informationen zur Wasserversorgung auf der Insel besucht werden.

Golf auf Langeoog

Zuerst wurde zu Spielzwecken von einigen "Golfbesessenen" der Flugplatz, außerhalb der Öffnungszeiten, als Golfplatz genutzt. Mit der Verlegung und Pflasterung der Start- und Landebahn war dieser Naturplatz nicht mehr bespielbar.
Der alte Platz "An´t Diek"

An der Kreuzung Schniederdamm / Katastrophenstraße konnte ein ca 10 ha großes Gelände von der Gemeinde gepachtet werden. Präsident Anselm Prester und der damalige Vize Thomas Agena betätigten sich als Golfplatzarchitekten und mähten mit baumarktüblichen Aufsitzmähern einen sehr interessanten 6-Loch Übungsplatz.

Dort wo die Welt noch eine andere scheint.
Das Herz, die Seele, die Lebenslust ist vereint.
Dort wo selbst die Sonne freudig im Regen lacht.
An diesem Ort wird friedvoll das sanfte Glück bewacht.
Dort wo der Mensch den Alltag vergisst,
an diesem Ort wird das Leben niemals vermisst!

(nifri)

Quellennachweis

http://www.wikipedia.com
http://www.langeoog.de
http://www.heimatverein-langeoog.de
http://www.he-tant.de